# essentials

Essentials liefern aktuelles Wissen in konzentrierter Form. Die Essenz dessen, worauf es als „State-of-the-Art" in der gegenwärtigen Fachdiskussion oder in der Praxis ankommt. Essentials informieren schnell, unkompliziert und verständlich.

- als Einführung in ein aktuelles Thema aus Ihrem Fachgebiet
- als Einstieg in ein für Sie noch unbekanntes Themenfeld
- als Einblick, um zum Thema mitreden zu können.

Die Bücher in elektronischer und gedruckter Form bringen das Expertenwissen von Springer-Fachautoren kompakt zur Darstellung. Sie sind besonders für die Nutzung als eBook auf Tablet-PCs, eBook-Readern und Smartphones geeignet.

Essentials: Wissensbausteine aus Wirtschaft und Gesellschaft, Medizin, Psychologie und Gesundheitsberufen, Technik und Naturwissenschaften. Von renommierten Autoren der Verlagsmarken Springer Gabler, Springer VS, Springer Medizin, Springer Spektrum, Springer Vieweg und Springer Psychologie.

Golo M. Bartsch

# Zukunftsraum Arktis

## Klimawandel, Kooperation oder Konfrontation?

Golo M. Bartsch
Berlin
Deutschland

Golo M. Bartsch studierte Staats- und Sozialwissenschaften sowie Governance in München und Hagen und promovierte zur arktischen Sicherheitspolitik an der Universität Bielefeld. Er ist Referent für Gemeinsame Sicherheits- und Verteidigungspolitik der Europäischen Union im Bundesministerium der Verteidigung in Berlin.

ISSN 2197-6708 ISSN 2197-6716 (electronic)
essentials
ISBN 978-3-658-09262-7 ISBN 978-3-658-09263-4 (eBook)
DOI 10.1007/978-3-658-09263-4

Die Deutsche Nationalbibliothek verzeichnet diese Publikation in der Deutschen Nationalbibliografie; detaillierte bibliografische Daten sind im Internet über http://dnb.d-nb.de abrufbar.

Springer VS


Gedruckt auf säurefreiem und chlorfrei gebleichtem Papier

Springer Fachmedien Wiesbaden ist Teil der Fachverlagsgruppe Springer Science+Business Media
(www.springer.com)

# Was Sie in diesem Essential finden können

- eine Zusammenfassung der wesentlichen naturräumlichen, historischen, wirtschaftlichen und gesellschaftlichen Charakteristika der heutigen Arktis
- einen Einblick in die internationale Arktispolitik, ihre Akteure und Institutionen
- eine Einschätzung, inwieweit ein Wettlauf der Anrainerstaaten um die Ressourcen der Arktis begonnen hat
- eine Bewertung der derzeitigen Streitkräftepräsenz in der Arktis und der möglichen Auswirkungen des verschlechterten russisch-westlichen Verhältnisses seit dem Jahr 2014
- einen Ausblick darauf, ob die Arktis in absehbarer Zukunft eher von der Kooperation oder der Konfrontation der an ihrer Erschließung interessierten Akteure geprägt sein wird

# Vorwort

Dieses Springer Essential soll Ihnen einen Einblick in den „Zukunftsraum Arktis"
vermitteln und die ökologischen, ökonomischen, rechtlichen und politischen Ge-
gebenheiten der Region näher erläutern. Es basiert auf Abschnitten zweier meiner
Ausarbeitungen zu diesem Thema (Bartsch 2014a; 2015). Auf zahlreichen Konferenzen und Workshops mit Arktisexpertinnen und -experten aus den Natur- und
Sozialwissenschaften wurde mir das erhebliche und oft besorgte Interesse bewusst,
das gerade hinsichtlich der möglichen sicherheitspolitischen Folgen des arktischen
Klimawandels immer wieder geäußert wurde. Diese nach wie vor aktuelle Frage-
stellung nimmt auf den folgenden Seiten daher besonderen Raum ein.

Berlin, im Januar 2015                                        Golo M. Bartsch

# Inhaltsverzeichnis

# Naturraum und Geschichte der Arktis

▷ *Die Arktis besteht überwiegend aus Seegebiet. Ihre Entdeckung und Kartierung dauerte mehrere Jahrhunderte. Acht Staaten sind geografisch arktisch, jedoch nur fünf von ihnen haben als Küstenstaaten des Nordpolarmeeres direkten Zugang zur zentralen Arktisregion.*

Die Definition von „Arktis" kann auf verschiedene Weise erfolgen. *Naturräumliche* Merkmale ihrer Abgrenzung können einerseits bestimmte Vegetations- oder Isothermenlinien sein. *Geografisch* hingegen umfasst die Arktis innerhalb des Polarkreises die Land- und Seegebiete oberhalb von 66°33' nördlicher Breite. Sie erstreckt sich damit über ein Areal von insgesamt rund zwanzig Millionen Quadratkilometern. Das meiste davon ist maritimes Gebiet: Die zentrale Arktis ist de facto ein „Binnenmeer", eine von den Küsten der Anrainerstaaten gerahmte Wasserfläche mit einer Reihe von Inseln und Inselgruppen, die mit *schwimmendem Eis* in jahreszeitlicher schwankender Ausdehnung bedeckt ist. Sie wird von drei unterseeischen Gebirgszügen, dem *Alpha-Mendelejew-Rücken,* dem *Gakkel-Rücken* und dem *Lomonossow-Rücken* durchschnitten, ist etwa vierzehn Millionen Quadratkilometer groß und im Durchschnitt etwa eintausend Meter tief, wobei sie seichte Küstengewässer ebenso umfasst wie Senken von über fünftausend Metern Wassertiefe. Zugänge zu den Weltmeeren bestehen einerseits durch die *Beringstraße* zwischen Sibirien und Alaska in den Nordpazifik, andererseits durch die *Framstraße* zwischen Grönland und dem Svalbard-Archipel in die Norwegische See und den Nordatlantik. Im Unterschied zum Südpol, der auf dem festen Kontinent der Antarktis liegt, ist der geografische Nordpol ein Punkt *auf dem Meeresgrund.*

© Springer Fachmedien Wiesbaden 2015

G. M. Bartsch, *Zukunftsraum Arktis,* essentials, DOI 10.1007/978-3-658-09263-4_1

Die kargen arktischen Festlandflächen im Hinterland der Küsten hingegen sind zunächst eine mit Moosen und Flechten bedeckte, baumlose Tundra, die weiter südlich in Waldtundra und dann in mit Nadelhölzern bewachsene Taiga übergeht (vgl. Bartsch 2015, S. 74 ff.).

Trotz tiefer Temperaturen und langer Dunkelphasen während der Wintermonate wurde die Arktis schon früh durch den Menschen erschlossen. Seine ältesten heute bekannten Zeugnisse stammen aus dem Osten Sibiriens, wo sich vor etwa zwölftausend Jahren indigene Populationen zu entwickeln begannen, die entlang des gesamten Polarkreises bis hinauf an die Küsten heimisch wurden. Die ersten nichtindigenen Besiedelungsprozesse begannen hingegen mit den Vorstößen skandinavischer Wikinger in den Süden Islands und Grönlands ab dem 9. Jahrhundert. Ab dem 15. Jahrhundert verstärkte sich das Interesse der christlichen Seefahrt an der Passage der arktischen Gewässer. Es begann eine Zeit der Entdecker, die bis ins frühe 20. Jahrhundert andauerte. Die Expeditionen von Willem Barentsz, Martin Frobisher, John Davis, Henry Hudson, William Baffin und Vitus Behring, die maßgeblich für die ersten Kartierungen der polaren Gewässer verantwortlich waren, geben noch heute zahlreichen Meeresteilen und Inseln im Norden ihren Namen. Der geografische Nordpol wurde auf der Eisoberfläche vermutlich erstmalig im Jahre 1909 durch die Amerikaner Robert Peary und Matthew Henson erreicht. Die Küsten des Nordpolarmeeres hatten derweil zwischen dem 17. und dem beginnenden 20. Jahrhundert eine erhebliche wirtschaftliche Bedeutung als Walfangrevier erlangt. Parallel dazu florierten an Land in Nordamerika und Russland zunächst der Pelzhandel, dann zunehmend die Gewinnung von Bodenschätzen (vgl. Vaughan 2007, S. 55 ff.; Greenberg 2012, S. 1337 ff.). Im Laufe des 20. Jahrhunderts wurde die Arktis im Zweiten Weltkrieg Standort deutscher und alliierter Wetterstationen sowie Route amerikanischer Geleitzüge zur Versorgung Westeuropas und der UdSSR. Während des Kalten Krieges war sie ein wichtiges Operationsgebiet nuklearer U-Boote der NATO und der Sowjetunion, die unter dem Eis unentdeckte Tauchfahrten zwischen Nordatlantik und Nordpazifik durchführen konnten. Von den 1990er Jahren bis zur Jahrtausendwende genoss die Region dann ein gutes Jahrzehnt lang allenfalls nur noch marginale tagespolitische Aufmerksamkeit (vgl. Le Mière und Mazo 2013, S. 79 ff.; Bartsch 2015, S. 78 ff.).

Heute leben insgesamt etwa vier Millionen Menschen in der geografischen Arktis, davon sind noch etwa zehn Prozent ursprünglich indigener Abstammung. Sie verteilen sich auf acht Länder, deren Territorium vom nördlichen Polarkreis durchschnitten wird, und die daher auch die *Arktischen Acht* (A8) genannt werden. Es handelt sich hierbei um Kanada, Russland, die USA (aufgrund des Bundesstaates Alaska), Norwegen, Dänemark (aufgrund seiner engen Beziehung zum eigentlichen Anrainer Grönland), Island, Schweden und Finnland. Allerdings berührt Island den Polarkreis nur sehr knapp, während Schweden und Finnland zwar größere Landflächen nördlich davon aufweisen, durch ihre geografische Lage aber keinen direkten Zugang zum Nordpolarmeer besitzen. Die fünf unmittelbaren arktischen Küstenstaaten Norwegen, Dänemark, Kanada, Russland und die USA werden in Abgrenzung zu diesen drei daher auch als die *Arktischen Fünf* (A5) bezeichnet. Alle Anrainer haben ihr arktispolitisches Engagement seit dem Beginn des 21. Jahrhunderts erheblich intensiviert und teilweise sehr umfangreiche Arktisstrategien entwickelt, in denen sie die wachsende Bedeutung der Region und ihre jeweiligen Interessen und Gestaltungsziele thematisieren (vgl. Heininen 2012, Bartsch 2014a, S. 4 ff.; Bartsch 2015, S. 149 ff.). Sie reagieren damit auf eine Dynamik, die die Arktis bereits seit der zweiten Hälfte des 20. Jahrhunderts in unübersehbarer Weise erfasst hat – die gravierende Veränderung ihres Erscheinungsbildes im Zuge der globalen Erwärmung.

# Der arktische Klimawandel

2

▷ In der Arktis schreitet der Klimawandel doppelt so schnell und doppelt so intensiv wie an anderen Orten der Welt voran. Vermutlich bis zur Mitte des 21. Jahrhunderts wird das Polarmeer im Sommer annähernd eisfrei sein.

Bereits in den 1990er Jahren begann sich abzuzeichnen, dass sich der globale Klimawandel in der Arktis um ein Mehrfaches drastischer auswirken würde als in südlicheren Breiten. Der Anstieg der Durchschnittstemperatur nördlich des Polarkreises vollzieht sich ungleich schneller als im weltweiten Mittel, allgemein um ungefähr 1,8 Grad Celsius in den letzten einhundert Jahren, stellenweise sogar allein in den letzten fünfzig Jahren um drei bis vier Grad Celsius. Untersuchungen von Bodensedimenten und Eiskernen legen den Schluss nahe, dass die derzeitigen Temperaturen im arktischen Sommer im Rückblick auf die gesamten vergangenen zwei Jahrtausende eine Rekordhöhe markieren. Am sichtbarsten wird dies beim Rückgang der arktischen Eisdecke: Die schwimmende Meereisfläche ist in Dicke und Ausdehnung zwar grundsätzlich regionalen und saisonalen Schwankungen unterworfen, mit einer maximalen Ausdehnung etwa im März und einem Minimum im September. In den vergangenen Jahrzehnten ist allerdings auch dieses saisonale Minimum von Jahr zu Jahr kleiner geworden. Insgesamt umfasst die sommerliche Eisdecke heute noch etwa sechzig Prozent ihrer Fläche der 1970er Jahre, als dank fortschreitender Satellitentechnologie ihre Beobachtung erstmalig möglich wurde. Noch rascher nimmt die Dicke des Eises ab: Während es seit Beginn der Flächenbeobachtung vier Jahrzehnte gedauert hat, um die Reduktion auf das heutige Maß zu erreichen, so hat die näherungsweise Halbierung der arktischen Eisstärke zwi-

© Springer Fachmedien Wiesbaden 2015
G. M. Bartsch, *Zukunftsraum Arktis*, essentials, DOI 10.1007/978-3-658-09263-4_2

schen 2007 und 2012 gerade einmal fünf Jahre benötigt. Derzeit wird von einer Erhöhung der arktischen Durchschnittstemperaturen um drei bis sechs, eventuell sogar bis zu acht Grad Celsius bis zum Jahre 2080 ausgegangen (vgl. Bartsch 2015, S. 80 ff.; Rahmstorf und Schellnhuber 2012, S. 58 ff.; AMAP 2012).

Ursächlich hierfür ist neben der höheren Lufttemperatur maßgeblich die Ausdehnung des Eises: Seine helle Fläche reflektiert mehr Sonnenwärme zurück ins Weltall als dunkler Ozean. Je weniger Eisfläche aber vorhanden ist, umso mehr Wärme wird durch das Meerwasser aufgenommen. Dies führt selbstverstärkend dazu, dass stetig mehr Eis in das darunter liegende und immer wärmere Meer abschmilzt, als auf der Oberfläche hinzukommen kann. So geht vor allem jenes mehrjährige Eis zusehends verloren, das bisher auch über die Sommermonate hinweg erhalten geblieben war und den dauerhaften Kern der arktischen Meereisfläche gebildet hatte. Ein stetig zunehmender Anteil dieser Fläche besteht nunmehr nur noch aus einjährigem Eis, das sich jeweils in den Wintermonaten neu bildet und zum Sommer wieder abschmilzt, sodass sie sich insgesamt absehbar von einer *permanenten* zu einer *saisonalen* Eisdecke umwandelt. Noch sind nicht alle physikalischen Prozesse hierbei vollumfänglich wissenschaftlich erfasst. Es ist etwa noch nicht sicher, ob der Prozess des Abschmelzens einen linearen oder eher schubweisen Verlauf nimmt. Dies macht exakte zeitliche Prognosen augenblicklich entsprechend schwierig und deren Bandbreite groß. Es wird derzeit überwiegend davon ausgegangen, dass zwischen 2040 und 2050, bei besonders ungünstiger Entwicklung eventuell aber auch bereits ab den 2020er Jahren, weitgehend eisfreie Sommer auf dem Nordpolarmeer Realität sein werden (vgl. AMAP 2012, S. 40 ff.; Le Mière und Mazo 2013, S. 27).

Neben dem schwimmenden Eis ist auch das Festlandeis des Hohen Nordens von einer vergleichbaren Entwicklung betroffen. Der Eisschild etwa, der einen Großteil der Insel Grönland bedeckt, hat ein Volumen von beinahe drei Millionen Kubikkilometern und ist nach dem antarktischen Festlandeis das zweitgrößte Süßwasservorkommen der Erde. Ein Teil seiner Masse fließt kontinuierlich über Gletscher in Richtung Polarmeer und kalbt zu Eisbergen, während beständiger Schneefall im Inland neues Gletschereis entstehen lässt. Die Fließgeschwindigkeiten der Gletscher und damit die Menge des sich von diesem Schild ablösenden Eises haben sich allein zwischen 1995 und 2005 um etwa ein Drittel erhöht, sodass heute zusammen mit dem Abschmelzen an den Rändern der Gletscheroberfläche eine deutliche jährliche Umfangsverminderung messbar ist. Bei anhaltender Tendenz könnte am Ende des 21. Jahrhunderts bis zu einem Drittel dieses Landeises verloren gegangen sein. Im Norden Skandinaviens und Alaskas hat außerdem der Umfang der bis in den Frühsommer schneebedeckten Flächen in den letzten fünf Jahrzehnten um fast ein Fünftel abgenommen. Die Auswirkungen der fehlenden

weißen Schneefläche entsprechen denen des Meereises: Dort, wo weniger Sonnenwärme reflektiert wird, ist eine Erwärmung der Erdoberfläche die Folge. Letzte-
res ist insbesondere anhand der fortlaufenden Verkleinerung der Permafrostzonen
sichtbar, jener Areale im äußersten Norden, in denen die Böden ganzjährig tief
gefroren bleiben. Dieser Permafrostbereich hat sich seit den 1970er Jahren um
bis zu achtzig, an einigen Stellen sogar um bis zu einhundertdreißig Kilometer
in Richtung Norden zurückgezogen. (vgl. AMAP 2012, S. 10 ff.; Rahmstorf und
Schellnhuber 2012, S. 60 ff.).

Bereits heute ist die arktische Flora und Fauna unmittelbar von den tiefgreifen-
den Veränderungen ihres Lebensraumes betroffen. Das Aussterben ganzer an die
bisherigen polaren Lebensverhältnisse angepasster Tierarten ist ebenso wenig aus-
geschlossen wie das Eindringen sogenannter invasiver Spezies aus südlicheren Le-
bensräumen. Die Folgen der arktischen Erwärmung können auch über die Region
hinausgehen, etwa wenn sich der Auftauprozess der bislang dauerhaft gefrorenen
Tundraböden Nordsibiriens unvermindert fortsetzt. Dabei würden große Mengen
des bisher in der Erde gebundenen Treibhausgases Methan freigesetzt, was zu noch
weiterer Intensivierung der Erderwärmung und zusätzlicher Eisschmelze beitragen
würde. Nicht zuletzt wegen dieser selbstverstärkenden Dynamik gilt ein sich weiter beschleunigender arktischer Klimawandel als ein sogenannter *Tipping Point,*
nach dessen Überschreitung nicht mehr umkehrbare globale Umweltveränderungen die Folge sind (Bartsch 2015, S. 84 ff.).

> *Die tauende Arktis liefert scheinbar besten Stoff für einen regelrechten Politkrimi. In der öffentlichen Wahrnehmung der internationalen Arktispolitik führt dies bisweilen zu Verzerrungen. Vier Fragen zur politischen Zukunft der Region stellen sich.*

Die Arktis, die in der Vorstellung der meisten Menschen zuvor allenfalls als ferne und unwirtliche Eiswüste existiert hatte, gewann recht bald nach der Jahrtausendwende weltweit rasant an öffentlicher Aufmerksamkeit. Einer der Gründe dafür ist sicherlich das wachsende generelle Umwelt- und Klimabewusstsein auch in den fern der Arktis liegenden Industriestaaten. Noch größere Wirkung jedoch entfaltete ein zweiter Umstand, der den arktischen Klimawandel, die Eisschmelze und die globalisierte Ökonomie in einen unerwarteten Zusammenhang setzte: Zu Beginn des 21. Jahrhunderts hatten die Weltmarktpreise für Erdgas, Erdöl und andere industrielle Rohstoffe im Allgemeinen ein Niveau erreicht, das die Suche nach neuen Lagerstätten auch an schwer erreichbaren und entsprechend kostenintensiven Orten zunehmend lukrativ erscheinen ließ. Eine Studie des United States Geological Survey (USGS) bewertete im Jahre 2008 die Rohstoffpotentiale der tauenden Nordpolarregion und kam zu dem aufsehenerregenden Ergebnis, dass nördlich des Polarkreises nicht weniger als dreizehn Prozent der weltweit noch unentdeckten Erdöl- und sogar dreißig Prozent der ebensolchen Erdgasvorräte zu finden sein könnten. Jeweils etwa fünfundachtzig Prozent davon sind ihr zufolge *Offshore*-Vorkommen unter dem Meeresgrund der bislang eisbedeckten arktischen Küstengewässer, wobei ungefähr zwei Drittel des Gesamtvorrates auf europäisch-


© Springer Fachmedien Wiesbaden 2015

G. M. Bartsch, *Zukunftsraum Arktis,* essentials, DOI 10.1007/978-3-658-09263-4_3

russischer und ein Drittel auf der amerikanisch-kanadischen Seite zu finden sein sollen. Der Großteil dieser Vorkommen am Meeresboden wird im sogenannten *Schelfbereich* des Polarmeeres vermutet, also in relativer Nähe zur Küste in geringer Wassertiefe, noch vor dem Übergang zur Tiefsee. Auch wenn diese Studie im Grunde lediglich eine über weite Strecken sehr optimistische Hochrechnung darstellte, befeuerte sie in Nordamerika und Europa die Vorstellung, den politisch oftmals unsicheren Förderregionen im Nahen und Mittleren Osten sichere und ergiebige neue Offshore-Lagerstätten fossiler Energieträger in relativer räumlicher Nähe entgegensetzen zu können. Die Wunschvorstellung vom arktischen „Ressourcen-Eldorado" war geboren (vgl. Haftendorn 2012, S. 445 ff.; Bartsch 2014a, S. 3 ff.; 2014b).

Mit dieser Entwicklung ging die Frage einher, in welcher Weise sich die Zugriffs- und Nutzungsrechte interessierter staatlicher oder privatwirtschaftlicher Akteure an der zentralen Arktis würden regeln lassen: Wem gehören die unter dem Grund des Polarmeeres vermuteten Bodenschätze? Sehr rasch wurde die Sorge laut, einzelne Anrainerstaaten könnten im Stile eines Wettlaufes oder „neuen Goldrausches" auf das vermeintlich recht- und besitzerlose Polarmeer vordringen und ihren Ansprüchen getreu dem Gesetz des Stärkeren Geltung verschaffen. Umweltschutzgedanken hingegen würden hier keine Rolle mehr spielen können. Ein besonders prägendes Ereignis stellte in diesem Zusammenhang die Absetzung einer russischen Landesflagge am geografischen Nordpol auf dem Meeresgrund dar, die der Polarforscher Artur Chilingarov im Jahre 2007 mittels eines Unterseebootes durchgeführt hatte. Er lieferte so ein zwar völkerrechtlich gänzlich unverbindliches, aber dennoch in Russland und dem Westen gleichermaßen medienwirksames Signal nationalstaatlichen Anspruchsdenkens.

Die Vorstellung, eine rücksichtlose, eventuell sogar von militärischer Präsenz begleitete Rohstoffausbeutung stünde in der Arktis bevor, wurde seitdem in verschiedenen deutschen und internationalen Pressebeiträgen regelmäßig in mitunter so grellen Farben illustriert, dass manche Kommentatoren dies schon als einen regelrechten „Arktis-Hype" bezeichneten. Die Schlagzeile vom „Kalten Krieg im kalten Norden" in jeder nur erdenklichen wortspielhaften Variation hat spätestens seit der russischen Flaggensetzung regelmäßig für große Aufmerksamkeit gesorgt. Dabei ist die unheilvolle Faszination, die das Thema ausübt, zunächst durchaus verständlich. Die tauende Arktis erweckt den Eindruck, alle Zutaten für einen internationalen politischen Krimi zu besitzen, wie ihn sich ein Romanautor nicht spannender hätte ausdenken können: Es geht um Klimawandel, Umweltzerstörung, Erdöl und knappe Ressourcen, und bereits die Konstellation der beteiligten Akteure erinnert an die Zeiten des Ost-West-Konfliktes des 20. Jahrhunderts. Unter den fünf unmittelbaren arktischen Küstenstaaten stehen vier NATO-Mitglieder auf der einen, Russland hingegen nach wie vor auf der anderen Seite. Die Ukraine-Krise des Jahres 2014 hat dem Verhältnis zwischen Moskau und dem Westen wieder neue politische Aktualität verschafft. Im Ergebnis ist eine gewisse Voreingenommenheit bei der Bewertung des tatsächlichen Zukunfts- und vor allem Konfliktpotentials der Arktis entstanden, die nicht nur die öffentliche Meinung spürbar geprägt hat (vgl. Bartsch 2014a, S. 3 ff.).

Auch in der wissenschaftlichen Erforschung der Arktispolitik, die sich mit dem rapide steigenden Interesse an der Region erheblich intensiviert hat, ist die Einschätzung bis heute geteilt: Neben zahlreichen Analysten, die mit einer friedlichen und kooperativen Erschließung der Region rechnen, gibt es auch solche, die der Vorstellung eines eskalierenden Wettlaufes um die Ressourcen der Arktis nicht abgeneigt sind. Der amerikanische Arktisforscher Oran Young hat die bislang zur politischen Zukunft der Arktis existierenden Einschätzungen diesbezüglich einmal kategorisiert: Er unterscheidet ein *neorealistisch-geopolitisches* und ein *sozioökologisch-systemisches* Paradigma, die zu jeweils unterschiedlichen Zukunftserwartungen führen. Publikationen, die einen unkontrollierten Ressourcenwettlauf, nationale Vorstöße einzelner Anrainerstaaten oder gar einen bewaffneten Konflikt um Territorien und Schürfrechte in der Region vorhersagen, rechnet er dem neorealistisch-geopolitischen Ansatz zu. Vertreter des soziologisch-systemischen Paradigmas hingegen gehen davon aus, dass es nicht allein einseitige nationale Interessendurchsetzung, sondern eher internationales Recht, die grenzüberschreitende Bündelung von Kapazitäten und das Bewusstsein um die globalen Herausforderungen des Klimawandels sind, die die Arktispolitik weiterhin bestimmen werden (vgl. Young 2013, S. 126 ff.). Abhängig vom zugrunde gelegten Paradigma fällt die Bewertung des Ressourcenpotentials der Arktis, der Wirksamkeit von Regimen und vor allem des Stellenwertes der Streitkräftepräsenz der Anrainer in der Region bisweilen sehr unterschiedlich aus. Daher sollen die vier augenblicklich wohl zentralsten Fragen zur Zukunft des Hohen Nordens hier nun näher beleuchtet werden: Steht ein neuer „Goldrausch" um die Ressourcen des Hohen Nordens bevor? Ist die Arktis ein rechtsfreier, zur förmlichen „Selbstbedienung" der internationalen Interessenten einladender Raum? Hat eine Aufrüstung der arktischen Anrainerstaaten begonnen, um die nationalen Interessen militärisch abzusichern? Wird das im Zuge der Ukraine-Krise seit 2014 merklich verschlechterte russisch-westliche Verhältnis auch in der Arktis zu einer Vergrößerung des Spannungspotentials beitragen? Für den Zukunftsraum Arktis werden nicht nur dessen naturräumliche Veränderungen, sondern ebenso diese vier politischen Aspekte von entscheidender Bedeutung sein.

# Kein neuer Goldrausch: Die Ressourcen der Arktis und ihre wirtschaftliche Nutzbarkeit

> *Die Arktis ist vermutlich reich an verschiedenen begehrten Ressourcen. Ihre rentable Nutzbarkeit ist jedoch nicht vorprogrammiert, sondern abhängig von weltwirtschaftlichen Entwicklungen. Der hohe Erschließungsaufwand stimuliert bislang statt etwaiger Konflikte viel eher die Bereitschaft der Interessenten zur Kooperation.*

Die Umweltveränderungen in der Arktis geschehen zeitgleich mit einem stetig steigenden Bedarf der Weltwirtschaft an verschiedensten industriellen Rohstoffen und Energieträgern. Das Ressourcenangebot der Arktis, welches sich in zweierlei Arten von Gütern unterscheiden lässt, passt zu dieser Nachfrage: Vorrangig bietet der Hohe Norden *Bodenschätze* in Form der fossilen Energieträger Erdöl und Erdgas – sowohl *onshore* auf dem Festland, als vor allem auch *offshore* unter dem Meeresboden der Küstengewässer – wie auch von Erzen, Mineralien und Seltenen Erden in den arktischen Tundren. Hinzu kommen *maritime Ressourcen* des Polarmeeres selbst; dies meint die Öffnung neuer Seewege für den globalen Handel, die Erschließung neuer Fischgründe, sowie seit einigen Jahren auch ein wachsendes touristisches Potential für die Anbieter von Arktiskreuzfahrten. Der Blick auf die Arktis als potentieller industrieller Ressourcenquelle ist beileibe kein Novum des 21. Jahrhunderts und beschränkte sich im Laufe der Geschichte nicht nur auf die Produkte der Walfänger und Pelzhändler. Schon seit Jahrhunderten wird in Nordamerika, Sibirien, auf Grönland und im Norden Skandinaviens nach Gold, Silber und anderen Metallen geschürft. Im Zuge der Industrialisierung in Europa und Amerika kam bald die Förderung von Kohle, etwa auf dem Svalbard-Archipel

© Springer Fachmedien Wiesbaden 2015
G. M. Bartsch, *Zukunftsraum Arktis*, essentials, DOI 10.1007/978-3-658-09263-4_4

(Spitzbergen), in Alaska oder im Norden Russland hinzu. Auf die Kohle folgte bald das Erdöl, das seit etwa einem Jahrhundert vor allem in der nordamerikanischen Arktis immer intensiver gefördert wird. Die Tundra Sibiriens liefert neben Erdöl vor allem Erdgas. Heute stammen etwa ein Zehntel des auf dem Weltmarkt angebotenen Öls und sogar ein Viertel des Gases bereits aus nördlich des Polarkreises gelegenen Lagerstätten. (vgl. Vaughan 2007, S. 247 ff.; Bartsch 2015, S. 89 ff.).

Die Annahme, aus dem rapiden Eisrückgang müsse nun unausweichlich ein sofortiger und konfliktlastiger Ansturm konkurrierender staatlicher wie auch privatwirtschaftlicher Interessenten weiter nordwärts in die Offshore-Areale der zentralen Arktis erwachsen, täuscht jedoch aus zweierlei Gründen: Erstens ist die Erschließung weiterer Rohstofflagerstätten in der zentralen Arktis auf absehbare Zeit nur dann wirtschaftlich sinnvoll durchführbar, wenn bestimmte weltwirtschaftliche Rahmenbedingungen gegeben sind. Aus demselben Grund sind auch die neuen arktischen Seewege noch keine rentable Alternative zu den bisher genutzten Routen. Zweitens haben die polaren Ressourcen, im Unterschied zum oftmals bemühten Bild vom neuen arktischen Goldrausch, bislang stets eher die Kooperation als die konfrontative Konkurrenz der Interessenten gefördert.

Es ist notwendig, sich zunächst zu vergegenwärtigen, dass das Schlagwort von der bald „eisfreien" Arktis im Grunde eine recht irreführende Vorstellung von der Nutzbarkeit der Region erzeugt. Keineswegs wird sich die Arktis in den kommenden Jahrzehnten in eine Art „nördliches Mittelmeer", also einen nahe gelegenen, von gut erschlossenen Küsten umkränzten und ungehindert schiffbaren maritimen Raum verwandeln. Auch der im Norden rasch voranschreitende Klimawandel ändert zunächst nichts daran, dass die zentrale Arktis in sehr großer räumlicher Entfernung zu jeglicher Infrastruktur liegt und mit nach wie vor extremen Witterungsbedingungen sowie halbjähriger Dunkelheit während der Wintermonate aufwartet. Ein nach nautischem Verständnis eisfreies Polarmeer bedeutet noch immer, dass zwar keine geschlossene Eisdecke mehr vorliegt, aber noch immer Eisstücke verschiedener Größen an der Wasseroberfläche treiben und eine anhaltende Herausforderung für den Schiffsverkehr und im Wasser verankerte Bohrplattformen darstellen (vgl. ABS 2014, S. 5 ff.). Durch diese äußeren Bedingungen und die Entfernung zu Hilfs- und Rettungskapazitäten sind eine aufwändige technische Ausstattung der Schiffe und Förderanlagen sowie entsprechend qualifiziertes Personal ebenso notwendig wie umfassende Havarievorkehrungen und teure Versicherungen. Dies macht die Erschließung arktischer Offshore-Lagerstätten auch bei schwindendem Eis höchst kostenintensiv. Die Ressourcen der zentralen Arktis bedürfen zunächst einmal eines erheblichen Investitionsaufwandes, der durch ihre anschließende Vermarktung erst einmal wieder erwirtschaftet sein will. Für die Öl- und Gasförderung bedeutet dies, dass nur bei anhaltend hohen Weltmarktpreisen für Energierohstoffe eine verstärkte Förderung im Hohen Norden gegenüber den etablierten Förderregionen des Nahen und Mittleren Ostens überhaupt erst konkurrenzfähig wird.

Die Erwartung eines arktischen Goldrausches erfährt bereits an dieser Stelle einen ersten erheblichen Dämpfer, wie anhand der küstennahen Öl- und Gasförderung derzeit deutlich zu sehen ist. Ein anschauliches Beispiel liefert etwa das Förderprojekt *Shtokman*, ein Gasfeld in der russischen Barentssee nördlich der Kola-Halbinsel, das bereits in den 1990er Jahren vom bekannten russischen Großförderunternehmen *Gazprom* zusammen mit *Statoil* aus Norwegen und *Total* (ehemals *TotalFinaElf*) aus Frankreich projektiert wurde. Es stellte dabei ein bemerkenswertes Zeugnis grenzüberschreitender Zusammenarbeit zwischen russischen und westlichen Wirtschaftsakteuren in der Arktis dar. Nach aufwändiger Erkundung und Probebohrung sollte von diesem Gasfeld aus ab Mitte der 2010er Jahre arktisches Erdgas in großen Mengen auch auf die westlichen Absatzmärkte fließen. Allerdings war bei der Kalkulation der Erschließungskosten im Hinblick auf Preisentwicklung und Exportvolumen viel zu optimistisch kalkuliert worden. Während die Einrichtung des Shtokman-Feldes voranschritt, veränderte die sog. *Schiefergasrevolution* am Ende der 2000er Jahre den globalen Erdgasmarkt grundlegend: Der Bedarf Nordamerikas an importiertem Erdgas reduzierte sich drastisch und der einbrechende Gaspreis machte die bisherigen Wirtschaftlichkeitsberechnungen der Betreiber zunichte. Nicht nur das Shtokman-Gasfeld, sondern auch andere ambitionierte Förderprojekte, etwa diejenigen der Firma Shell vor der Küste Alaskas, sind angesichts stagnierender oder fallender Energiepreise aus Rentabilitätsgründen ins Stocken geraten oder ganz abgebrochen worden. Zu den Kostenhindernissen kommen die speziell mit der Offshore-Bohrung verbundenen technischen Risiken, die immer öfter massive öffentliche Kritik an derartigen Projekten aufkommen lassen. Die Umweltverträglichkeit der maritimen Förderung fossiler Energieträger wird in Bezug auf die Arktis besonders kritisch bewertet, da unter den hier herrschenden Bedingungen z. B. eine Ölkatastrophe nicht nur technisch kaum zu beherrschen wäre, sondern die polaren Ökosysteme auch besonders anfällig für die resultierenden Schäden sind. Das augenblicklich sehr niedrige weltweite Preisniveau für Erdöl und Erdgas, sowie im Falle Russlands noch die technischen und wirtschaftlichen Sanktionen des Westens im Zuge der Ukraine-Krise tun derzeit ihr Übriges, um eine mit dem Nahen und mittleren Osten konkurrenzfähige arktische Offshore-Rohstoffförderung vorerst noch in weiter Ferne liegen zu lassen (vgl. Bartsch 2014a, S. 9 ff.; 2015, S. 90 ff.).

In ähnlicher Weise ist auch die künftige Nutzbarkeit des Polarmeeres als hochfrequentierter interkontinentaler Seehandelsstrecke keineswegs vorprogrammiert, auch wenn sich hier durchaus einige Vorteile anbieten. Annähernd neunzig Prozent des globalen Güterverkehrs werden heute auf dem Seeweg abgewickelt. Dabei liegen auf den Hauptrouten, etwa von den Pazifikküsten Asiens nach Europa oder an die amerikanische Ostküste, einige Hindernisse. So muss ein Schiff, das auf dem Weg von Asien westwärts nach Europa ist, entweder den engen Suezkanal passieren oder einen weiten und kostspieligen Umweg um den gesamten afrikanischen Kontinent fahren. Bei einer Fahrt von Asien an die amerikanische Atlantikküste gilt Ähnliches. Hier können Schiffe ostwärts nur dann den Panamakanal zur Durchquerung des amerikanischen Kontinents benutzen, wenn sie eine bestimmte Maximalgröße nicht überschreiten. Als Alternative bleibt nur der weite Weg um das südamerikanische Kap Hoorn. Wenn das Eis des Nordpolarmeeres nun soweit zurückgeht, dass es zumindest saisonal eisfreie Fahrrinnen freigibt, dann entstehen neue alternative Routen für diese Verbindungen, die auf den ersten Blick Kostenvorteile aufgrund kürzerer Fahrstrecken versprechen: Passagen von Ostasien nach Westeuropa durch den Indischen Ozean und den Suezkanal, die heute über zwanzigtausend Kilometer lang sind, ließen sich bei einer Fahrt entlang der russischen Nordküste auf vierzehn- bis fünfzehntausend Kilometer Länge reduzieren. Der Streckenabschnitt dieser Fahrt durch die Beringstraße, um Sibirien herum in die europäische Barentssee, wird als *Nordost-Passage* bezeichnet. Die zweite sich bietende Strecke, ostwärts entlang der Küsten Alaskas und Kanadas bis nach Grönland, wird analog dazu *Nordwest-Passage* oder auch *Kanada-Passage* genannt.

Zwar existiert schon seit geraumer Zeit ein punktueller Schiffsverkehr bis an den Rand der Eisgrenze. Neben Forschungs- sind dies vor allem Versorgungsfahrten in der norwegischen See und der Barentssee, um die Verbindung zu entlegenen Minensiedlungen wie etwa dem russischen Dudinka, oder Offshore-Förderanlagen wie dem norwegischen *Snøvit*-Komplex zu halten. Tatsächliche kommerzielle *Durch*fahrten der beiden Routen finden hingegen erst seit einigen Jahren regelmäßig statt, eingeleitet im Jahre 2009 auf der Nordostpassage von einem Konvoi der ehemaligen deutschen *Beluga Shipping GmbH*. Die hier zeitweilig erhofften Steigerungsraten auf ein jährliches Volumen von fünfundsechzig Millionen Tonnen im Jahre 2020 und sogar einhundertzwanzig Millionen Tonnen im Jahre 2030, von denen allein in Bezug auf die Nordostpassage schon die Rede war, klingen zunächst eindrucksvoll. Verglichen mit Passagen wie etwa dem Panamakanal, auf dem bereits heute schon Mengen von mehr als fünfzig Millionen Tonnen *pro Monat* verschifft werden, nehmen sie sich allerdings sehr moderat aus (vgl. Raspotnik und Rudloff 2012, S. 6 ff.; Humpert 2013; Keil 2013, S. 140 ff.).

Die widrigen nautischen und Witterungsbedingungen werden eine zumindest streckenweise Begleitung der Frachtschiffe durch Eisbrecher weiterhin notwendig machen. Ferner müssen die genutzten Schiffe, insbesondere solche, die Gefahrgut wie Öl oder verflüssigtes Erdgas transportieren, durch besondere Bauartmerkmale wie etwa doppelte Rumpfwände für einen Einsatz in derart beschaffenen Gewässern geeignet sein. Zum Eishindernis kommen insbesondere entlang der Nordostpassage vor den Küsten Sibiriens noch sehr geringe Wassertiefen von stellenweise nicht mehr als acht Metern hinzu, die die sichere Navigation größerer Schiffe mit entsprechendem Tiefgang noch anspruchsvoller machen bzw. deren Einsatz in Gänze ausschließen. Die Abgeschiedenheit der Küstenregionen macht zudem Rettungsoperationen zur See oder aus der Luft je nach etwaigem Havarieort sehr schwierig. Im Ergebnis relativiert sich so die vielfach verkündete wirtschaftliche Attraktivität der arktischen Seewege ebenso wie diejenige der Bodenschätze: Auch hier überwiegen absehbar noch lange die aufzuwendenden Investitionen den potentiellen Gewinn. Der für die Schiffseigner und -betreiber auf den Polarrouten auch bei schwindendem Eis weiterhin zu betreibende Mehraufwand, von den entsprechenden Versicherungen bis hin zu Anschaffung und Betrieb geeigneter Fahrzeuge, fällt auf den südlicheren Routen in dieser Form nicht an. Speziell im Bereich der Containerschifffahrt reduzieren neue Generationen sehr großer Schiffe mit bislang unerreichter Ladekapazität die Stückkosten pro Container auf den südlichen Seerouten derzeit so weit, dass der etwaige Kostenvorteil einer kürzeren Arktisroute vollständig aufgehoben wird (vgl. Humpert 2013, S. 5 ff.; Raspotnik und Rudloff 2012, S. 32 ff.; Bartsch 2015, S. 96 ff.). Im Jahre 2014 etwa erfuhr der hoffnungsvoll gestartete Transitverkehr auf der Nordostpassage nach vier Jahren kontinuierlicher Steigerung einen massiven Einbruch um drei Viertel seines Volumens vom Vorjahr.[1]

Die Vorstellung von einem „Goldrausch", einem konfrontativen Wettlauf um die Ressourcen der tauenden Arktis, wird von diesen Umständen deutlich konterkariert. Die naturräumlichen Herausforderungen der unwirtlichen Polarregion überschreiten die finanziellen und technischen Kapazitäten einzelner staatlicher oder auch privatwirtschaftlicher Akteure nach wie vor bei weitem. So haben ihre Nutzungsinteressen am Polarmeer bislang keineswegs etwaige einseitige Vorstöße einzelner Anrainerstaaten in die zentrale Arktis stimuliert, sondern sie vielmehr stets zu Dialog, Kooperation und friedlicher Interaktion ermutigt. Dies geschieht, wie das folgende Kapitel zeigen wird, in einem recht weit entwickelten institutionellen Kontext.

---

[1] North Sea Route Traffic Plummeted. URL: http://barentsobserver.com/en/arctic/2014/12/northern-sea-route-traffic-plummeted-16-12. Zugegriffen: 27. Januar 2015.

# Kein rechtsfreier Raum: Die Institutionalisierung der Arktis

**5**

> ▷ *Seerecht, Arktischer Rat und eine Vielzahl von Einzelabkommen regeln territoriale Ansprüche und menschliche Aktivität in der Arktis verbindlich und bisher erfolgreich.*

Um tatsächlich einen konflikthaften Ansturm auf die Arktis auszulösen, müsste neben dem naturräumlichen Faktor des Eisrückganges und dem ökonomischen Faktor signifikanter Gewinnaussichten auch ein dritter, politisch-rechtlicher Faktor in Gestalt eines Mangels an verbindlicher Institutionalisierung der menschlichen Aktivität im Hohen Norden gegeben sein. Dies ist nicht der Fall. Neben dem Internationalen Recht sorgen mehrere Gremien, allen voran der Arktische Rat mit Sitz in Tromsø/Norwegen, für klar geregelte Zusammenarbeit der Anrainerstaaten und Interessenten. Auch die territorialen bzw. Hoheitsansprüche der Arktischen Fünf an den Schelfküstenarealen unter dem zurückweichenden Eis können auf diese Weise verbindlich und friedlich geklärt werden.

Entscheidend für den Status der Arktis im Internationalen Recht ist der eingangs geschilderte Umstand, dass es sich bei der Nord- im Unterschied zur Südpolarregion nicht um einen festen Kontinent, sondern um eine auf dem Meer schwimmende Eisfläche handelt. Die Arktis ist de jure ein Ozean, weswegen hier das internationale Seerechtsübereinkommen der Vereinten Nationen (kurz SRÜ) zur Anwendung kommt. Das Abkommen wurde von allen Anrainerstaaten mit Ausnahme der USA ratifiziert, diese beachten es aber dennoch als bindendes Gewohnheitsrecht. Es regelt unter anderem die territoriale Zugehörigkeit von Meeresgebieten. Das SRÜ

© Springer Fachmedien Wiesbaden 2015

G. M. Bartsch, *Zukunftsraum Arktis,* essentials, DOI 10.1007/978-3-658-09263-4_5

spricht jedem Küstenstaat innerhalb der ersten zwölf Seemeilen seiner Gewässer das alleinige Hoheitsrecht zu. Ferner kann er innerhalb von zweihundert Seemeilen Entfernung zur Küste exklusiv die Ressourcen am und unter dem Meeresboden nutzen. Dieser Bereich wird als seine *Ausschließliche Wirtschaftszone* (AWZ) bezeichnet. Erst der Meeresgrund jenseits dieses Areals gilt als „international" bzw. als gemeinsames Erbe der Menschheit (vgl. Bartsch 2015, S. 100).

Für die Zuerkennung von territorialen Ansprüchen der Küstenstaaten an der zentralen Arktis bei zurückweichendem Meereis ist der Artikel 76 des SRÜ von entscheidender Bedeutung. Er räumt ihnen die Möglichkeit einer Ausdehnung ihrer AWZ auf bis zu dreihundertfünfzig Seemeilen (oder alternativ einhundert Seemeilen ab einer Meerestiefenlinie von zweitausendfünfhundert Metern) ein, sofern geologische Messergebnisse belegen, dass das entsprechende Areal hinsichtlich Sedimenten, Bodenbeschaffenheit u. Ä. eine natürliche Fortsetzung ihres jeweiligen Küstenschelfs ist. Innerhalb von zehn Jahren nach Ratifikation des SRÜ muss eine solche Erweiterung bei den Vereinten Nationen beantragt werden, deren *Festlandsockelgrenzkommission* (FSGK) dann darüber entscheidet. Die Prüfung des Antrages kann mitunter ein weiteres Jahrzehnt oder länger dauern. Bisher hat nur Norwegen einen solchen Antragsprozess vollständig durchlaufen und im Jahre 2009 eine AWZ-Erweiterung in der Barentssee zugesprochen bekommen. Die Anträge Dänemarks/Grönlands, Kanadas und Russlands, die teilweise bereits eingereicht wurden oder im Jahre 2015 erst noch folgen sollen, sind hingegen noch nicht abschließend geprüft. Alle drei letztgenannten Staaten schließen den geografischen Nordpol am Lomonossov-Rücken in ihre Anträge ein. Dies weckte mitunter die Befürchtung, besonders um dessen Zuerkennung entstehe ein handfester zwischenstaatlicher Interessenkonflikt. Allerdings liegt der Pol selbst in einem ausdrücklich als arm an Bodenschätzen klassifizierten Areal, weswegen er keinen ökonomischen, sondern allenfalls symbolischen Wert hat. Die vermuteten Vorkommen der Arktis liegen stattdessen fast ausschließlich in jenen küstennahen Regionen, die mittels des SRÜ jeweils eindeutig und unbestritten einem der Anrainer zugeordnet werden können. Somit entsteht aus den künftigen Zugriffsrechten auf diese von vornherein kaum ein Konfliktpotential unter den Anrainern. Auch ist eine solche Erhebung von Gebietsansprüchen in der Polarregion unter Berufung auf das SRÜ mitnichten, wie bisweilen dargestellt, ein Ausdruck von unbändigem Expansionsinteresse, sondern ein wenig aufregender Verwaltungsakt, der vielmehr ein Zeugnis vom Willen des Antragstellers zur Beachtung internationalen Rechts ablegt (vgl. Bartsch 2015, S. 102 ff.).

Neben dem SRÜ als verbindlicher Rechtsgrundlage verfügt die internationale Arktispolitik mit dem *Arktischen Rat* seit 1996 über eine Plattform für Informationsaustausch und Verhandlung, die in den letzten Jahren eine bemerkenswerte

Weiterentwicklung erfahren hat. Der Rat war bei seiner Gründung zunächst als rein beratende Zusammenkunft gedacht. Seinen Kern bilden die Vertreter der Anrainerstaaten, die sich im Zweijahresrhythmus bei seinem Vorsitz abwechseln, sowie sechs Interessenorganisationen von regionalen Indigenengruppen Nordamerikas, Skandinaviens und Russlands. Hinzu kommen noch sechs wissenschaftliche Expertenarbeitskreise, die die eigentliche Beratungsarbeit in Fachfragen leisten. Diverse nicht-arktische Nationen (Deutschland, Frankreich, Großbritannien, die Niederlande, Spanien, Italien, Polen, China, Japan, Indien, Südkorea, Singapur) genießen den Status permanenter, nicht stimmberechtigter Beobachter.[1] Der Europäischen Union hingegen wurde dies trotz mehrfacher Aufnahmeanträge bislang versagt. Als Grund galten zumeist Vorbehalte, insbesondere von kanadischer Seite, als Reaktion auf die restriktiven Handelsbestimmungen der EU bei Robbenfellprodukten. Mittlerweile stehen allerdings auch für Brüssel die Chancen einer baldigen Aufnahme recht gut.

Seit 2011 nimmt der Arktische Rat in stärkerem Maße nicht mehr nur beratende, sondern auch konkrete politische Entscheidungen gestaltende Aufgaben wahr. Hiervon zeugen zwei rechtsverbindliche Abkommen, die seither unter seiner Federführung entstanden sind. Im Jahre 2011 wurde das *Agreement on Cooperation on Aeronautical and Maritime Search and Rescue in the Arctic* (auch „SAR-Abkommen" genannt) herausgegeben. Es regelt die regionalen Zuständigkeiten der Anrainerstaaten beim luft- und seegestützten Such- und Rettungsdienst. 2013 folgte das *Agreement on Cooperation on Marine Oil Pollution Preparedness and Response in the Arctic*, das den Anrainern Einsatzräume zur Bekämpfung von Ölunfällen zuweist und sie zur Vorhaltung von entsprechenden Einsatzmitteln und -kräften verpflichtet. SRÜ und Arktischer Rat bilden ein komplementäres und recht leistungsfähiges institutionelles Gerüst für die Region, das durch eine ganze Reihe weiterer internationaler Abkommen (etwa zur maritimen Forschung, zum Fischfang, zum Umweltschutz und der Seefahrt) und weitere Diskussions- und Kooperationsformate (etwa den russisch-europäischen *Barents-Euro Arctic Council*) flankiert wird (vgl. Bartsch 2015, S. 108 ff.; Haftendorn 2014; Stoessel et al. 2014). Das arktische Institutionengeflecht hat seine regelnde Kraft in der Praxis bereits mehrfach bewiesen: So konnten offene Territorialfragen, wie etwa die der lange Zeit unklaren Grenzziehung zwischen Russland und Norwegen in der Barentssee, einvernehmlich und friedlich geklärt werden. Manch anderer politischer Sachverhalt wurde hingegen auch zum Gegenstand medialer Übertreibung: Beispielhaft ist hier der vermeintliche Disput zwischen Kanada und Dänemark um die

---

[1] Arctic Council. URL: http://www.arctic-council.org/index.php/en/. Zugegriffen: 27. Januar 2015.

winzige, unbewohnte Felseninsel *Hans*, gelegen zwischen Grönland und Ellesme-
re Island. Dieser wurde wiederholt als dramatischer Vorbote politischer Spannungen sogar zwischen zwei NATO-Alliierten bemüht, obwohl er in Wahrheit niemals
auch nur in der Nähe einer ernsthaften zwischenstaatlichen Auseinandersetzung
war. Die Arktis ist alles andere als ein rechtsfreier Raum, und lässt nicht nur natur-
räumlich und wirtschaftlich, sondern auch juristisch und politisch wenig Spielraum
für unilaterale Expansionsinteressen. Den Befürchtungen, ein regelloser Wettlauf
um die lukrativsten Anteile getreu dem Recht des Stärkeren habe hier begonnen,
setzt dieser Umstand ein nachdrückliches Argument entgegen (vgl. Bartsch 2014a,
S. 11 ff.).

> ▷ *Die militärische Präsenz der Küstenstaaten in der Arktis hat seit der Jahrtausendwende wieder zugenommen. Verstärkte Präsenz heißt aber nicht gleich Aggression. Vier Aspekte relativieren ihre Bedeutung.*

Vor dem Hintergrund der geschilderten wirtschaftlichen und politischen Rahmenbedingungen der weiteren Erschließung der Arktis wird verständlich, warum die oftmals befürchtete Konfrontation der Interessenten bislang ausgeblieben ist. Die tauende Arktis ist kein Nullsummenspiel, bei dem Zugewinne eines Akteurs einzig durch Verluste eines anderen erkauft werden können. Eine einseitig herbeigeführte Verschlechterung der zwischenstaatlichen Beziehungen der Anrainer würde keinesfalls zur Sicherstellung eines möglichst großen Gewinnanteiles für einzelne Akteure führen. Im Gegenteil würde ihnen eine solche die Erschließung und Nutzung des Hohen Nordens erheblich erschweren oder sogar in Gänze unmöglich machen. Die bisherigen Entwicklungen in der Institutionalisierung und der grenzüberschreitenden politischen und wirtschaftlichen Zusammenarbeit in der Region unterstreichen diese Einschätzung. Allerdings scheint die derzeit zu beobachtende militärpolitische Entwicklung in der Arktis partout nicht zu einer fortwährend kooperativen politischen Zukunft passen zu wollen.

Während der Jahrzehnte des Kalten Krieges war in der Arktis, die geografisch eine Art natürlicher Barriere und unzugänglicher Pufferzone zwischen den Blöcken darstellte, eine beachtliche Konzentration von Luft- und Seestreitkräften der NATO und der UdSSR präsent. Hierzu gehörten nuklear angetriebene und bewaff-

© Springer Fachmedien Wiesbaden 2015

G. M. Bartsch, *Zukunftsraum Arktis,* essentials, DOI 10.1007/978-3-658-09263-4_6

nete Unterseeboote ebenso wie Fernaufklärungsflugzeuge und eine Kette aus Überwachungssystemen zur Frühwarnung. Die Notwendigkeit der Unterhaltung dieser Kräfte im ursprünglichen Umfang entfiel mit dem Ende des Ost-West-Konfliktes schlagartig, und bewirkte in den 1990er Jahren eine signifikante Reduzierung der militärischen Aktivität über und unter dem Eis. Seit einiger Zeit allerdings sind bei allen arktischen Küstenstaaten sichtbare Wiederverstärkungen ihrer Militärpräsenz angekündigt oder bereits im Gange. Sie finden ihren Ausdruck in der Neubeschaffung von für die Einsatzbedingungen des Hohen Nordens besonders geeignetem Großgerät, wie etwa von eistauglichen Booten und Schiffen für die Marinen und Küstenwachen oder robusten Transportflugzeugen. Hinzu kommen Investitionen in Aufklärungs- und Führungstechnik und in verbesserte Infrastruktur, wie Tiefwasserhäfen oder Landepisten an den polaren Küsten. Die Wiedereröffnung lange verlassener Stützpunkte im äußersten Norden oder organisatorische Veränderungen, wie etwa Neuaufstellungen von arktischen Truppenteilen oder Kommandos, verstärken den Eindruck eines gezielten militärischen Aufwuchses entlang des gesamten Polarkreises (vgl. Le Mière und Mazo 2013, S. 77 ff.; Haftendorn 2011, S. 344; Åtland 2010, S. 283 f.).

Sind diese Entwicklungen die Vorboten eines arktischen Wettrüstens, und demnach doch einer langfristig konfrontativen Entwicklung der Region, innerhalb der nationale Interessen militärisch flankiert oder nötigenfalls mit Waffengewalt durchgesetzt werden sollen? Der Befund einer solchen Re-Militarisierung der Arktis ist in den letzten Jahren spürbar zu einer Art Leitmotiv, sowohl für die mediale Berichterstattung, als auch für einen nicht unerheblichen Anteil der sicherheitspolitischen Analyse der Region geworden. Hierbei lassen sich im Wesentlichen zwei Phasen identifizieren: Vom Ende der 2000er Jahre bis zum Jahre 2014 war zunächst die Vermutung weit verbreitet, im Hohen Norden entwickele sich ein *multipolares* Konfliktpotential „jeder gegen jeden", das – wie im Falle der Insel Hans – bei der Wahrung nationaler Interessen auch vor den in der NATO verbundenen Küstenstaaten nicht haltmache. Seit der Ukraine-Krise wandelt sich der Schwerpunkt zusehends in Richtung der Frage, inwieweit das merklich verschlechterte russisch-westliche Verhältnis auch auf die Arktis durchzuschlagen droht. Die aus dem 20. Jahrhundert wohlbekannte *bipolare* Konfliktlinie „NATO vs. Russland" erlebt damit auch hier eine Renaissance. Wohl bei keinem anderen Sachverhalt jedoch ist das Potential für Fehlinterpretationen so groß wie bei der militärischen Aktivität insbesondere der fünf Küstenstaaten: Militärische Präsenz bedeutet nicht gleich aggressiven Expansionismus. Vier wichtige Aspekte dürfen bei der Betrachtung der Streitkräfte der Arktischen Fünf im Hohen Norden nicht außer Acht gelassen werden.

Erstens schwächt die Ergründung ihres tatsächlichen Aufgabenbereiches in der Region den scheinbaren Widerspruch von arktischer Kooperation und regionaler Militärpräsenz merklich ab. Das Militär dient hier nicht dem Zweck, eine gewaltsame Eskalationsschwelle zu überschreiten oder sich in Erwartung einer solchen zu wappnen. Stattdessen umfasst sein Auftragsspektrum zu einem wesentlichen Teil grenzpolizeiliche und unterstützende Aufgaben. Dazu gehören etwa Patrouillenfahrten, die Überwachung des Seeverkehrs und besonders die Bereitstellung von Kapazitäten für den Such- und Rettungsdienst gemäß dem SAR-Abkommen von 2011. Aufgrund der Abgeschiedenheit der Region, der fehlenden Infrastruktur und der vorherrschenden Wetterbedingungen sind die Land-, Luft- und vor allem Seestreitkräfte der Anrainer auf lange Sicht die einzigen Organisationen, die über geeignete technische und personelle Ressourcen verfügen, um überhaupt in diesem schwierigen Umfeld operieren zu können. Ohnehin ist die Verfügung über Exekutivorgane innerhalb des eigenen Gebietes zur Wahrung der territorialen Integrität hoheitliche Aufgabe jedes Nationalstaates. Wenn sich in der Arktis nun die physischen Umrisse der Staatsgebiete der Anrainer – ob topografisch durch den Eisrückgang oder politisch durch eine Veränderung der Grenzverläufe unter Anwendung des SRÜ – verändern, so kann allein dies bereits Anpassungen bei ihren Streitkräften, den Küstenwachen oder auch beim landseitigen Grenzschutz notwendig machen, ohne dass dahinter eine aggressive oder expansionistische Intention stünde. Eine zunehmend sichtbare Präsenz von Sicherheitskräften der Anrainer in arktischen Regionen, die bereits nationales Territorium sind oder nach internationalem Recht neu zu solchem erklärt werden, ist damit allein kein Zeugnis einer unverhältnismäßigen Militarisierung (vgl. Bartsch 2015, S. 129 ff.; Lehrke 2014).

Zweitens ist die zahlenmäßige Stärke der heute nördlich des Polarkreises temporär oder dauerhaft stationierten Truppen, auch wenn sie seit einigen Jahren wieder zugenommen hat, noch immer bei weitem geringer, als dies während des Ost-West-Konfliktes vor 1990 der Fall war. Bezüglich eines vermeintlich begonnenen Rüstungswettlaufes stellen außerdem so manche der als Zeugnisse arktischer Militarisierung bemühten Ausrüstungskäufe Fehlinterpretationen des jeweiligen Beschaffungsziels dar. Sie kamen zustande, weil die Auslieferung des betreffenden, von den Arktischen Fünf georderten Großgerätes zeitlich mit der tagesaktuellen Arktisdiskussion zusammenfiel, ohne dass sie tatsächlich in Erwartung eines polaren Konfliktes in Auftrag gegeben worden wären. Neben einigen maritimen Rüstungsvorhaben ist hier die geplante Beschaffung von modernen Kampfflugzeugen des Typs F-35 durch die USA, Kanada, Norwegen und Dänemark ein besonders anschauliches Beispiel. Sie wird in einer ganzen Reihe von Publikationen als ein Beleg für einen arktischen Rüstungswettlauf angeführt. Die F-35 wurden allerdings von den genannten Nationen keineswegs eigens in Erwartung einer bevorstehenden militärischen Eskalation über dem Polarmeer bestellt, sondern sind Bestandteil eines bis weit in die 1990er Jahre zurückreichenden Programmes zum allgemeinen Ersatz ihrer alternden F-16- und F/A-18-Flotten. Dieses wurde bereits zu einer Zeit eingeleitet, als von einem etwaigen Einsatzraum Arktis noch lange keine Rede war (vgl. Bartsch 2015, S. 132; Lasserre et al. 2012).

Drittens hat die Präsenz der Streitkräfte in der Region keineswegs für neue Spannungen gesorgt, sondern stattdessen stets ein erhebliches zusätzliches politisches Kooperationspotential geschaffen. So wurde nicht nur auf Initiative der USA der *Arctic Security Forces Roundtable* eingerichtet, der hohe militärische Vertreter aller Anrainerstaaten regelmäßig zum Dialog zusammenbringt. Dazu gab es in jüngster Zeit noch weit umfassendere militärische Zusammenarbeit in Form größerer Übungen in der Region, die nicht nur national oder unter den arktischen NATO-Mitgliedern abgehalten wurden, sondern ebenfalls die Nicht-Mitglieder Finnland und Schweden, besonders aber auch Russland einschlossen. Hier verdiente insbesondere die Zusammenarbeit der norwegischen und russischen Streitkräfte in der Barentssee stets Beachtung, die als Muster einer Sicherheitszusammenarbeit betrachtet werden konnte, wie sie Moskau bislang wohl sonst mit keinem zweiten NATO-Staat pflegte. Sie spiegelte einen auch ansonsten weitreichenden wirtschaftlichen und gesellschaftlichen Austausch der beiden Nationen in der Barentsregion wider. Ab 2010 fand hier im Zweijahresrhythmus die bilaterale russisch-norwegische Übung *Pomor* unter Beteiligung der Streitkräfte und Küstenwachen beider Länder statt. Ihre Übungsinhalte belegten und verdeutlichten die beschriebene Bandbreite der Aufgaben, die modernen Streitkräften in der Arktis zugedacht werden: So schloss sie den simulierten Einsatz gegen militärische See-, Luft- und Landziele zwar noch ein, konzentrierte sich aber vorrangig auf Einsätze gegen Piraterie, Terrorabwehr sowie insbesondere auf SAR-Missionen und den Katastrophenschutz. Großes Augenmerk lag dabei auf der Interoperabilität der norwegischen und russischen Teilnehmer. Von etwaigen Vorbereitungen auf ein Gefecht untereinander, wie noch vor 1990, konnte hingegen keine Rede mehr sein. Die Ukraine-Krise von 2014 hat hier nun eine einstweilige Unterbrechung bewirkt, da die NATO und mit ihr Norwegen im März dieses Jahres sämtliche Streitkräftekooperationen mit Russland bis auf Weiteres ausgesetzt hat. Die Grenzpolizeien beider Länder arbeiten in der Region Kirkenes-Murmansk jedoch unverändert eng zusammen (Bartsch 2014a, S. 15, 2015, S. 134).

Viertens gibt es in der Arktis schlichtweg kein politisches Ziel, das für einen der Anrainerstaaten mit offensiven militärischen Mitteln sinnvoll zu erreichen bzw. erfolgversprechend gegen den Widerstand der Nachbarstaaten durchzusetzen wäre. Dieser Aspekt hat jenseits aller normativen Wertung auch bei nüchternster realpolitischer Betrachtung der Region Bestand: Es gibt, bildlich gesprochen, in der Arktis schlichtweg nichts zu „erobern". Dies liegt nicht allein an ihrer immensen räumlichen Ausdehnung, ihrer Kargheit und ihren extrem widrigen topografischen und meteorologischen Bedingungen. Vielmehr ist einfach kein *desired end state* einer offensiven militärischen Operation in der Arktis denkbar, der einem Aggressor im Vergleich mit dem derzeitigen Status Quo eine Verbesserung bescheren würde. Das Gegenteil ist der Fall. Die politischen wie auch monetären Kosten eines solchen Handelns würden seinen denkbaren Nutzen bei Weitem übersteigen: Die schon in Friedenszeiten schwierige Rohstoffförderung und der zivile Seeverkehr würden gänzlich unmöglich werden, wenn das Polarmeer zum Schauplatz einer militärischen Auseinandersetzung würde. Jegliche bislang für alle Beteiligten so fruchtbare regionale Kooperation käme zum Erliegen. Ferner wäre jede etwaige „Besetzung" durch die militärisch unterstützte Beanspruchung von Seeräumen, die außerhalb der legitimen Ansprüche gemäß dem SRÜ liegen, ein eindeutiger Bruch internationalen Rechtes, der eine scharfe diplomatische Reaktion der Weltgemeinschaft hervorrufen würde. Die jenseits der nationalen Schelfküsten gelegenen Areale sind ohnehin so rohstoffarm, dass ein Versuch ihrer einseitigen militärischen Sicherstellung den damit zwangsläufig verbundenen Vertrauens- und Gesichtsverlust in der internationalen Politik in keinem Falle rechtfertigt.

# Vom Partner zum Unsicherheitsfaktor? Russische Arktispolitik in Zeiten der Ukraine-Krise

▷ *Die russische Arktispolitik vermengt wirtschaftliches Kooperationsbedürfnis mit nationalistischer Symbolpolitik. Die Gefahr einer russischen Aggression in der Arktis ist gleichwohl gering.*

Die geregelte Kooperation der Anrainerstaaten ist in den vergangenen zwei Jahrzehnten zur erprobten Praxis in der Arktis geworden. Sie war dabei ausnahmslos das erklärte Ziel aller Regierungen der Arktischen Acht, die sich in ihren Arktisstrategien wie auch auf sämtlichen relevanten Gipfeltreffen und Konferenzen unmissverständlich zur Wahrung des Friedens und zur Achtung des internationalen Rechts bekannt haben. Auch Russland ist in diese Kooperation umfänglich eingeschlossen und hat sich bislang stets als verlässlicher und konstruktiver Partner erwiesen, mit dem Einigungen in Bezug auf Fischfangquoten, Umweltschutzmaßnahmen oder auch die Grenzziehung in der Barentssee erzielt werden konnten. Seine jüngsten nationalen Arktisstrategien, *Grundlagen der Außenpolitik der Russischen Föderation in der Arktis bis 2020 und darüber hinaus* von 2008 sowie *Strategie zur Entwicklung der Arktisgebiete der Russischen Föderation und der Nationalen Sicherheit bis 2020* von 2013 bekennen sich klar zur friedlichen Zusammenarbeit mit den Nachbarstaaten und zur Achtung internationalen Rechtes. Sie entsprechen in dieser Hinsicht ihren westlichen Pendants (vgl. Bartsch 2015, S. 232 ff.). Mit dem Fortschreiten der Ukraine-Krise ab 2014 und der völkerrechtswidrigen Annexion der Krim hat jedoch der Argwohn der westlichen Anrainer gegenüber Russland neuen Antrieb gewonnen. Neben der Aussetzung jeglicher militärischer Koopera-

© Springer Fachmedien Wiesbaden 2015
G. M. Bartsch, *Zukunftsraum Arktis,* essentials, DOI 10.1007/978-3-658-09263-4_7

tion seitens der NATO, auch durch Norwegen in der Barentssee, wurde die Frage gestellt, wie ernst die Bekenntnisse Moskaus in der Arktis zukünftig noch genommen werden können: Muss nun gar damit gerechnet werden, dass der Kreml auch im Polarmeer seinen Kurs wechselt und auf unilaterale Expansion und Rechtsverletzungen setzt? Wie bereits bei der Betrachtung der arktischen Militärpotentiale im Allgemeinen, so lässt sich allerdings auch im Falle Russlands im Speziellen die Sorge vor heraufziehenden zwischenstaatlichen Konfliktsituationen ein gutes Stück weit entkräften. Wesentlich dafür ist das Verständnis zweier schwerlich kompatibler Grundlinien der russischen Arktispolitik, die diese für Moskau zu einer mitunter schwierigen Gratwanderung machen: Internationale Kooperationsbedürfnisse müssen mit lautstarker Rhetorik und dem Zeigen exekutiver Stärke kombiniert werden, was eine eigentümliche Ambivalenz erzeugt (vgl. Bartsch 2014b; Humrich und Wolf 2011, S. 31).

Die erste Grundlinie dieser Politik ergibt sich aus der immensen wirtschaftlichen Bedeutung der arktischen Rohstoffförderung für die russische Volkswirtschaft. Diese lässt eine konfrontative Abkehr von den arktischen Nachbarn schon aus Eigeninteresse nicht zu. Russland, der weltgrößte Gas- und zweitgrößte Ölexporteur, verdankt ein Drittel seines Bruttoinlandsproduktes (BIP) allein diesem Industriezweig, die außerdem siebzig Prozent des nationalen Exportvolumens ausmacht. Ein Fünftel des BIP wird nördlich des Polarkreises erwirtschaftet, und nicht umsonst liegen die größten städtischen Ansiedlungen nördlich des Polarkreises allesamt auf russischem Gebiet. In den Weiten Sibiriens werden neben Erdöl und Erdgas auch Kohle und Holz sowie Nickel, Kupfer, Platin, Quecksilber, Eisen und Gold gewonnen. Hinzu kommen Diamanten und in zunehmendem Maße auch Seltene Erden. Für das wirtschaftlich sehr einseitig auf den Rohstoffsektor ausgerichtete Russland steht und fällt der heutige und auch zukünftige Wohlstand mit seinen Gas- und Ölexporten auf die Weltmärkte. Nur durch konstante Weitererkundung und Erschließung möglichst rentabler neuer Vorkommen wird es möglich sein, diesen unersetzlichen Grundpfeiler der nationalen Volkswirtschaft dauerhaft zu erhalten. Dies geht gerade in der russischen Arktis, wo am küstennahen Meeresgrund die vermutlich größten neuen Erdgasvorkommen ruhen, jedoch nicht im nationalen Alleingang. Es bedarf umfangreicher Investitionen, freier Marktzugänge und Joint Ventures mit westlichen Firmen, etwa bei der Ausstattung mit hochentwickelter Offshore-Bohrtechnik, um diesen Reichtum nutzbar machen zu können. (vgl. Bartsch 2014a, S. 22 ff.)

Der schieren wirtschaftlichen Notwendigkeit der Offenheit und Kooperation mit dem Westen steht die zweite Grundlinie der russischen Arktispolitik schwer vereinbar gegenüber. Weitaus stärker noch als bei den meisten skandinavischen und nordamerikanischen Anrainern ist hier der Hohe Norden ein Definitionselement der nationalen Identität und Historie. Er ist mit einem erheblichen Stolz auf seine Größe und seine Erforschung und Bezwingung in der russischen Geschichte untrennbar verbunden. Die russische Arktispolitik wird daher in vielerlei Hinsicht als nationalistisch geprägte Symbolpolitik inszeniert, die eher an die russische Bevölkerung als in den internationalen Raum hinein adressiert ist. Der Kreml ist nicht nur den übrigen Anrainern, sondern gerade auch den eigenen Bürgern gegenüber stets darauf bedacht, die nationale Souveränität und Gestaltungsmacht in der Region zu demonstrieren und als arktischer Akteur ersten Ranges wahrgenommen zu werden. Wo immer möglich, wird medienwirksam entschlossene Aktivität und Präsenz gezeigt. Diese Art der Wahrnehmung erklärt nicht nur die Motive der Flaggensetzung am Meeresgrund 2007, oder etwa die pressebekannten Bilder des russischen Präsidenten bei der Markierung eines betäubten Eisbären. Da die sichtbare Ausübung von Exekutivgewalt in der Region ein unverzichtbares Element solcher arktischer Symbolpolitik ist, betrifft dies auch die russischen Streitkräfte und die Grenzschutzbehörde FSB in besonderem Maße. Hier sei nicht nur an das harsche Vorgehen gegen eine Gruppe von Greenpeace-Aktivisten in der Pechorasee im Herbst 2013 erinnert, die bei der Annäherung an die *Prirazlomnaya*-Bohrplattform verhaftet, in Murmansk inhaftiert und in eine Art Schauprozess involviert wurden. Sie manifestiert sich vor allem in der Präsenz des Militärs, und so wurden gerade hier verschiedene Ereignisse der jüngeren Vergangenheit immer wieder als Bestätigungen eines latent aggressiven außenpolitischen Kurses Russlands wahrgenommen. Dazu gehören etwa die bereits vor einigen Jahren wieder aufgenommenen Langstreckenaufklärungsflüge über den Pol bis an die Grenzen der Lufträume der Nachbarstaaten, die Wiederinbetriebnahme lange brachliegender Außenposten im Norden Sibiriens sowie eine intensivierte Manövertätigkeit der Nordflotte. Während die Annexion der Krim im Frühjahr 2014 in vollem Gange war, fanden zwei spektakuläre Luftlandeübungen weit jenseits des Polarkreises statt, bei denen in einem Fall sogar eine russische Forschungsstation in relativer Nähe zum Nordpol das Absprungziel war (Bartsch 2014b, 2015, S. 225 ff.). Es ist durchaus realistisch zu erwarten, dass in Zukunft regelmäßig weitere derartige militärische Stärkedemonstrationen erfolgen werden. Auch diese werden dann gegenüber der NATO, besonders aber gegenüber Russlands Bürgern, mit hoher Wahrscheinlichkeit als ein Beweis nationaler Einsatzbereitschaft in außenpolitisch schweren Zeiten inszeniert werden. An der Tatsache, dass Russland trotz aller symbolischer *show of force* an einer bewaffneten Konfrontation mit dem Westen in der Arktis auch zukünftig kein rationales Interesse haben kann, ändern sie jedoch nichts.

> *Eisrückgang und globale Rohstoffpreise werden weiterhin das Interesse an der Arktis unmittelbar bestimmen. Politisch ist die Region jedoch stabil. Die Institutionen der Arktis sind in der Lage, die menschliche Aktivität vor Ort friedlich und verbindlich zu regeln. Der Klimawandel wird den arktischen Naturraum tiefgreifend und wahrscheinlich unumkehrbar verändern.*

Wie lässt sich abschließend aus all den hier zusammengefassten Informationen über die Arktis ein Ausblick auf die wahrscheinlichsten Zukunftsentwicklungen der Region ableiten? Dazu lohnt es sich, drei Ebenen im Blick zu behalten, auf denen auch weiterhin die maßgeblichen Weichen für den Norden gestellt werden. Auf der *ersten Ebene* ist dies die Entwicklung des menschlichen Interesses an der Arktis per se: Die beiden relevantesten und gleichzeitig unsichersten Einflussfaktoren auf die Nordpolarregion sind das Ausmaß und die exakte Geschwindigkeit der weiteren klimatischen Veränderungen, sowie die Entwicklungen auf den globalen Energie- und Rohstoffmärkten. Sie werden die Intensität der menschlichen Aktivität und seine Interessen in und an der Arktis maßgeblich bestimmen. Nur bei anhaltend rasantem Eisrückgang und gleichzeitig konstant hohen Preisniveaus insbesondere für Erdöl und Erdgas ist es überhaupt wirtschaftlich sinnvoll, in noch größerem Umfang nach arktischen Rohstoffen, ob an den Schelfküsten oder an Land, zu schürfen. Die seit 2014 sehr niedrigen Preise für Öl und Gas, speziell für die russischen Förderunternehmen noch zusätzlich verschärft durch die sanktionsbedingte Isolation des heimischen Finanzsektors und den Lieferstopp für moderne westliche Fördertechnik, haben hier zumindest für den Augenblick die Aussichten auf lukrative Geschäfte merklich eingetrübt. Der ehemalige Außenminister und

© Springer Fachmedien Wiesbaden 2015

G. M. Bartsch, *Zukunftsraum Arktis,* essentials, DOI 10.1007/978-3-658-09263-4_8

Ministerpräsident Russlands, Jewgeni Primakow, rief etwa im Januar 2015 zu einer vorläufigen Unterbrechung der Bemühungen um eine weitere Erschließung arktischer Lagerstätten auf, da diese nur bei einem Ölpreis von mindestens einhundert bis einhundertzwanzig US-Dollar pro Barrel rentabel seien.[1]

Auf einer *zweiten Ebene* gilt es zu beobachten, inwieweit das Institutionengerüst der Arktis in der Lage sein wird, mit einem steigenden menschlichen Interesse an der Region Schritt zu halten und dessen Aktivitäten friedlich und verbindlich zu regeln. Speziell hierzu wurde bereits seit den 2000er Jahren eine ganze Reihe von zumeist szenariobasierten Analysen erstellt, die unter anderem zu prognostizieren suchten, ob das Zusammenspiel der Interessenten in der Arktis einen kooperativen, oder doch eher konfrontativen Charakter annehmen wird. Ihre Ergebnisse waren zumeist ähnlich: Nur unter der Bedingung eines völligen Versagens der etablierten und von allen Akteuren anerkannten Koordinationsmechanismen, hier insbesondere des Seerechtes und des Arktischen Rates, ist eine zukünftige gewaltsame Konfrontation in der Arktis überhaupt noch denkbar. Wirtschaftliche Gewinnanreize und institutionelle Schwäche können die Hemmschwelle zur Anwendung militärischer Gewalt nur dann signifikant absenken, solange koordinierende Kräfte, Regeln und auch etwaige Sanktionsmöglichkeiten im internationalen Raum fehlen. Dies ist faktisch aber nicht der Fall, wie sich in den vergangen Jahren immer wieder gezeigt hat: Auch das am Beginn des 21. Jahrhunderts sprunghaft gestiegene Nutzungsinteresse führte so nicht zu einer Konfrontation der Anrainer, sondern in eine zwar forcierte, dabei aber verbindlich reglementierte und einvernehmlich koordinierte arktische Kooperation. Auch wenn das ab dem Jahr 2014 deutlich schwieriger gewordene Verhältnis zwischen den westlichen Anrainern und Russland sicherlich zu einem gegenseitigen politischen Ansehensverlust geführt hat, ist ein sprichwörtliches „Einfrieren" der Arktiszusammenarbeit im Wirtschafts-, Umwelt- oder sozialen Bereich bislang nicht in Sicht. Diese Erkenntnis ist auch für die sicherheitspolitische Einschätzung der Region sehr wesentlich: Die Aussichten auf einen zwar von wirtschaftlichem Nutzungsinteresse begleiteten, dabei aber weiterhin friedlichen und ökologisch verantwortungsvollen Umgang mit der Nordpolarregion stehen nach wie vor gut. Der vielbeschworene „Krieg um die Arktis" zwischen Russland und dem Westen hingegen ist und bleibt ein äußerst unwahrscheinliches Zukunftsszenario (Bartsch 2014a, S. 16 ff., 2015, S. 112 ff.).

Auf *dritter Ebene* wird sich zeigen, welche möglichen Änderungen sich noch in der Zusammensetzung der politischen Akteure der Arktispolitik ergeben können.

---

[1] Ex-minister suggests pause in Russian Arctic oil. URL: http://barentsobserver.com/en/energy/2015/01/ex-minister-suggests-pause-russian-arctic-oil-14-01. Zugegriffen: 27. Januar 2015.

Da alle durch ihre geografische Lage unmittelbar betroffenen Anrainerstaaten bereits in der heutigen Arktiskooperation involviert sind, ist das Spektrum denkbarer grundlegender Umbrüche zwar eher überschaubar. Dennoch besteht das Potential zukünftiger Neuerungen. Einer der derzeit wohl spannendsten Aspekte ist dabei die Zukunft Grönlands auf dem Weg in eine mögliche Unabhängigkeit. Die Insel ist seit dem 17. Jahrhundert Bestandteil des Königreiches Dänemark, hat aber seit der zweiten Hälfte des 20. Jahrhunderts schrittweise eine sehr weitgehende Autonomie erlangt. Heute werden die knapp sechzigtausend Grönländer, deren Mehrheit indigene Wurzeln hat, lediglich in außen- und sicherheitspolitischen Angelegenheiten noch durch Kopenhagen im Einvernehmen vertreten. An Land und auch an seinen Küsten verfügt Grönland über ein erhebliches Rohstoffpotential von Erdöl, Mineralien, Uran und Seltenen Erden. Diesen Ressourcen stehen allerdings eine schwache Infrastruktur und die vollständige Abhängigkeit vom Import von Gütern des Alltagsbedarfes gegenüber. Auch gibt es gravierende soziale Probleme, wie etwa ein starkes Bildungsgefälle und Arbeits- und Perspektivlosigkeit eines großen Anteils der Einwohner. Qualifizierte Facharbeitskräfte fehlen derzeit ebenso wie eine flächendeckend leistungsfähige Administration, sodass Dänemark die Insel anhaltend unterstützen und mit nicht unerheblichen Beträgen subventionieren muss. Auch wenn die Grönländer auf eine vollumfängliche Unabhängigkeit von Dänemark hinarbeiten, so ist momentan keineswegs sicher, dass sie bereits aus eigener Kraft in der Lage wären, ihre ökonomischen Potentiale in Eigenverantwortung auszuschöpfen und ein tragfähiges und solventes Staatswesen zu unterhalten. Manchen Einschätzungen zufolge könnten durchaus noch drei bis vier Jahrzehnte bis zur vollständigen wirtschaftlichen und außenpolitischen Autonomie Grönlands vergehen. Gelingt diese allerdings, so würde Grönland Dänemark als Mitglied der Arktischen Fünf ablösen, dabei aber als junger Staat mit gänzlich unterschiedlichem Gestaltungspotential in der internationalen Arktispolitik aufwarten (vgl. Bartsch 2014a, S. 25; Wang und Degeorges 2014).

Auch die zukünftigen arktischen Ambitionen großer arktisferner Akteure können eine Rolle spielen. Ein Beispiel ist hier die Volksrepublik China, deren wirtschaftlicher Aufstieg mit einem erheblich gesteigerten industriellen Rohstoff- und Energiebedarf einhergeht. So entstand bereits vor einigen Jahren die Erwartung, Peking könnte bei der Erschließung der Arktis als höchst ambitionierter externer Konkurrent der Anrainerstaaten auftreten (vgl. Haftendorn 2012, S. 446). Zunehmende Forschungsaktivitäten und Bemühungen chinesischer Delegationen um Investitionen und verstärkte wirtschaftliche Kooperation, etwa mit Island und Grönland, wiesen in diese Richtung. Nach chinesischer Vorstellung sollte die Arktis nicht allein der politischen Gestaltung der Anrainerstaaten überlassen bleiben, sondern möglichst als gemeinsames Erbe der Menschheit für alle interessierten Akteure der Welt offen stehen. Damit einher geht die ausdrückliche Anerkennung des internationalen Rechtes und des Multilateralismus in der Arktis, sichtbar etwa am Beitritt Chinas als permanenter Beobachter zum Arktischen Rat im Jahre 2013 (vgl. Le Mière und Mazo 2013, S. 130 ff.). Die Vermutung, mit dem sich abkühlenden russisch-westlichen Verhältnis seit 2014 würde sich verstärkt der Weg für eine neue strategische Allianz zwischen Russland und China eröffnen, bestätigt sich jedoch in Bezug auf die Ressourcen der Arktis absehbar nicht. Moskau und Peking schlossen zwar unlängst nach langen Verhandlungen einen Versorgungsvertrag, der bei einer Laufzeit von dreißig Jahren die Lieferung von jährlich achtunddreißig Milliarden Kubikmetern russischen Erdgases im Gesamtwert von über vierhundert Milliarden US-Dollar zusicherte. Zum Ad-hoc-Ersatz für Russlands europäische Abnehmer wird China damit jedoch nicht: Bis die notwendige Pipelineinfrastruktur geschaffen ist, werden noch mehrere Jahre vergehen. Bis dahin wird voraussichtlich jährlich nicht mehr als eine Menge von zwölf Milliarden Kubikmetern geliefert werden können. Allein im Jahre 2013 floss demgegenüber mehr als die dutzendfache Menge russischen Erdgases westwärts auf die europäischen Märkte (vgl. Krutikhin 2014).

Es spricht heute vieles dafür, dass die Arktis bei aller rasanten klimatischen Veränderung ihre politische Stabilität auch zukünftig wird bewahren können. Im Angesicht dieser aus sicherheitspolitischer Perspektive recht positiv stimmenden Einschätzung darf jedoch nicht vergessen werden, dass die bereits sehr konkrete, aus der Erderwärmung resultierende Bedrohung für die einzigartige Umwelt der Nordpolarregion ungleich gravierender ist, als das vergleichsweise abstrakte Risiko zwischenstaatlicher Spannungen. Eines der letzten vom Menschen noch weitgehend unberührten Areale der Erde hat begonnen, sein Angesicht für immer zu verändern, und ein einzigartiges Ökosystem droht unwiederbringlich verloren zu gehen. Die Folgen dieses Prozesses für Flora, Fauna und Bewohner der Arktisgebiete in gemeinsamer Anstrengung zumindest noch soweit wie möglich abzumildern, bleibt die drängendste Herausforderung an die internationale Arktispolitik. Nicht oft genug kann daher betont werden: „*The changing Arctic should be viewed as a sphere of potential cooperation rather than one of competition*" (Le Mière und Mazo 2013, S. 11).

# Was Sie aus diesem Essential mitnehmen können

* Wie kaum eine andere Region der Welt ist die Arktis vom globalen Klimawandel betroffen. Spätestens in der Mitte des 21. Jahrhunderts wird das Nordpolarmeer im Sommer vermutlich weitgehend eisfrei sein. Dies ist mehr als nur ein gravierendes Umweltproblem.
* Mit dem Eisrückgang bietet sich das Potential neuer Seehandelsrouten und Rohstofflagerstätten an den Schelfküsten. Noch sind diese aber kaum wirtschaftlich rentabel zu erschließen bzw. zu nutzen. Von einem „Wettlauf um die Arktis" kann derzeit keine Rede sein.
* Die Arktis ist heute eine politisch stabile Region mit sehr weitgehender Regelung durch das internationale Recht. Die acht durch den Polarkreis verbundenen Anrainerstaaten unterhalten in der Arktispolitik seit mehr als zwei Jahrzehnten gute und produktive grenzüberschreitende Beziehungen.
* Die Annahme, ein zwischenstaatlicher Konflikt um Territorien und Schürfrechte stehe in der Arktis bevor, ist weitgehend unbegründet. Auch das seit 2014 wieder generell abgekühlte russisch-westliche Verhältnis ändert daran vorerst nichts.

© Springer Fachmedien Wiesbaden 2015

G. M. Bartsch, *Zukunftsraum Arktis*, essentials, DOI 10.1007/978-3-658-09263-4

# Literatur


American Bureau of Shipping (ABS). 2014. Navigating the northern sea route. Status and Guidance. Houston.

Arctic Monitoring and Assessment Programme (AMAP). 2012. Arctic climate issues 2011. Changes in Arctic snow, water, ice and permafrost. SWIPA 2011 Overview Report, Oslo.

Åtland, Kristian. 2010. Russia and its neighbors: Military power, security politics, and interstate relations in the Post-Cold War Arctic. *Arctic Review on Law and Politics* 2: 279–298.

Bartsch, Golo M. 2014a. Klimawandel und Sicherheit in der Arktis nach 2014. Hat die friedliche und kooperative internationale Arktispolitik eine langfristige Zukunft? Berlin: Planungsamt der Bundeswehr.

Bartsch, Golo M. 2014b. Von der Krim zum Nordpol? Russland und die internationale Arktispolitik. *Europäische Sicherheit und Technik* 8:104–106.

Bartsch, Golo M. 2015. Klimawandel und Sicherheit in der Arktis. Begriffsbestimmungen und vergleichende Analyse politischer Strategien für die Nordpolarregion des 21. Jahrhunderts. Dissertation, Universität Bielefeld.

Greenberg, Jonathan D. 2012. The Arctic in world environmental history. *Vanderbilt Journal of Transnational Law* 42:1307–1392.

Haftendorn, Helga. 2011. NATO and the Arctic: Is the Atlantic alliance a cold war relic in a peaceful region now faced with non-military challenges? *European Security* 3:337–361.

Haftendorn, Helga. 2012. Der Traum vom Ressourcenreichtum der Arktis. *Zeitschrift für Außen- und Sicherheitspolitik* 3:445–461.

Haftendorn, Helga. 2014. Mit Rat und Vertrag. Ein Vergleich der Governance-Systeme in der Arktis und der Antarktis. *Internationale Politik* 4:106–113.

Heininen, Lassi. 2012. Arctic strategies and policies. Inventory and comparative study. Rovaniemi: University of Lapland.

Humpert, Malte. 2013. The future of Arctic shipping: A new silk road to China? Washington D.C.: The Arctic Institute.

Humrich, Christoph und Wolf, Klaus Dieter. 2011. Vom Meltdown zum Showdown? Herausforderungen und Optionen für Governance in der Arktis. Frankfurt am Main: Hessische Stiftung Friedens- und Konfliktforschung.

Keil, Kathrin. 2013. Cooperation and conflict in the Arctic. The cases of energy, shipping, and fishing. Dissertation, Freie Universität Berlin.



© Springer Fachmedien Wiesbaden 2015     39
G. M. Bartsch, *Zukunftsraum Arktis*, essentials, DOI 10.1007/978-3-658-09263-4

Krutikhin, Mikhail. 2014. Can Russia reroute natural gas from Europe to Asia? In: Liik, Kadri (Hrsg.). *Russia's „pivot" to Eurasia*, 86–89. London: European Council on Foreign Relations.

Lasserre, Frederic, et al. 2012. Is there an arms race in the Arctic? *Journal of Military and Strategic Studies* 14:3–4.

Lehrke, Dylan. 2014. The Cold Thaw. *Jane's Defense Weekly* 20:24–29.

Le Mière, Christian und Mazo, Jeffrey. 2013. Arctic opening. Insecurity and opportunity. London: Routledge.

Rahmstorf, Stefan und Schellnhuber, Hans Joachim. 2012. Der Klimawandel. Diagnose, Prognose, Therapie. München: C.H. Beck.

Raspotnik, Andreas, und Rudloff Bettina. 2012. The EU as a shipping actor in the Arctic. Berlin: Stiftung Wissenschaft und Politik.

Stoessel, Susanah et al. 2014. Environmental governance in the marine Arctic. In: Tedsen, Elizabeth et al. (Hrsg.). *Arctic marine governance opportunities for transatlantic cooperation*, 45–70. Berlin: Springer.

Vaughan, Robert. 2007. The Arctic. A history. Chalford: Sutton Publishing.

Wang, Nils und Degeorges, Damien. 2014. Greenland and the new Arctic. Political and security implications of a state-building project. Kopenhagen: Royal Danish Defense College.

Young, Oran. 2013. Arctic futures: The power of ideas. In Berkman, Paul Arthur und Vylegzhanin, Alexander N. (Hrsg.). *Environmental security in the Arctic ocean*, 123–138. Dordrecht: Springer.